عِنْدي حَديقَـة.

بِقَلَم: مَحْمود جَعْفَر

Collins

هَلْ عِنْدَكِ زُهور؟

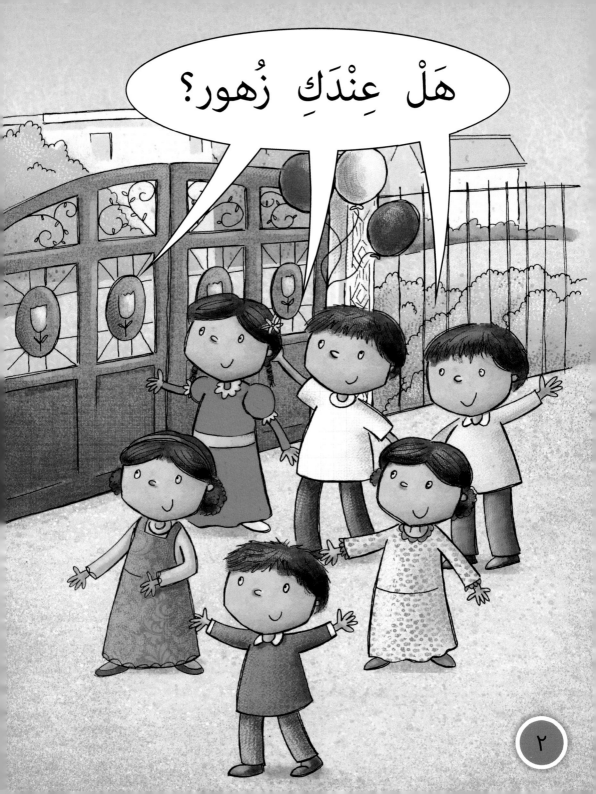

نَعَمْ، عِنْدي زُهور.

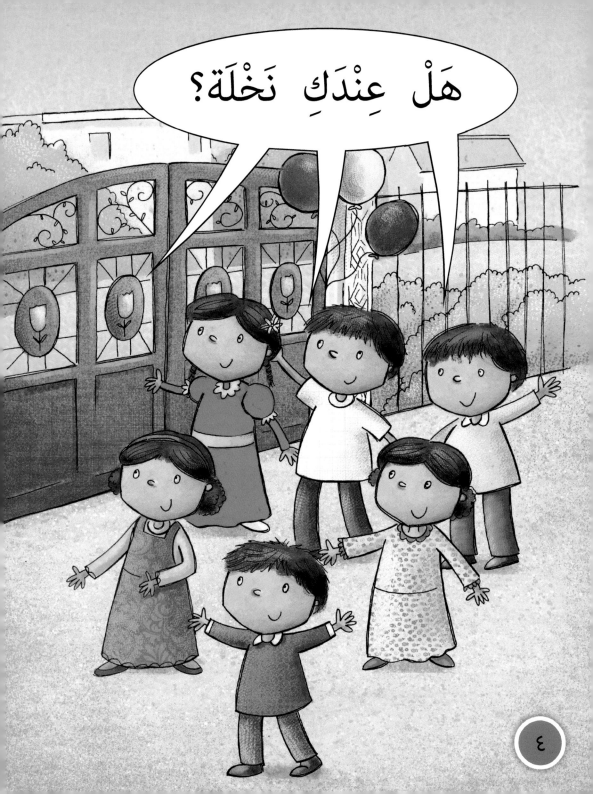

هَلْ عِنْدَكِ نَخْلَة؟

نَعَمْ، عِنْدي نَخْلَة.

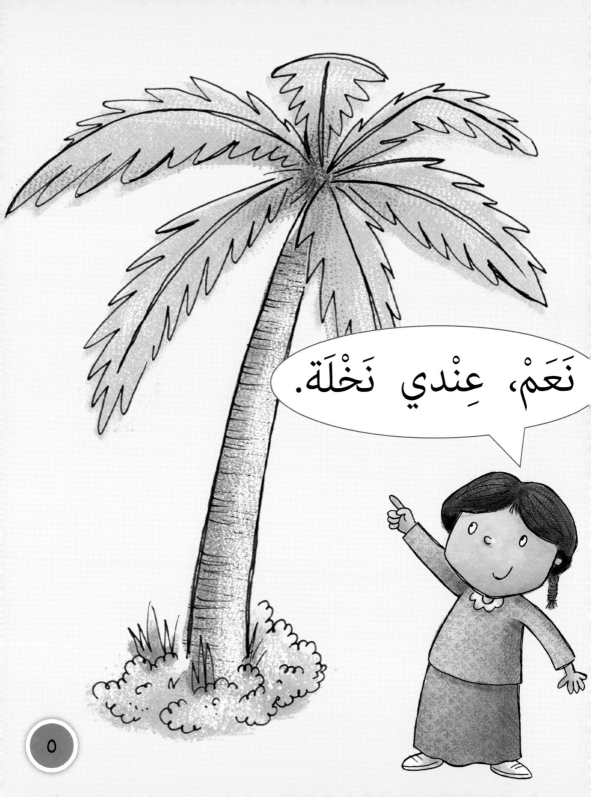

هَلْ عِنْدَكِ كُرَة؟

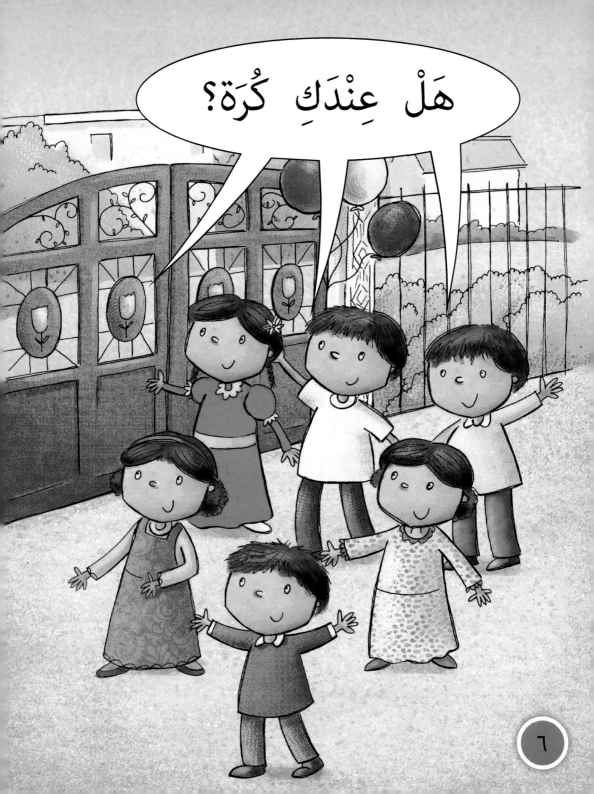

نَعَمْ، عِنْدي كُرَة.

هَلْ عِنْدَكِ دَرّاجَة؟

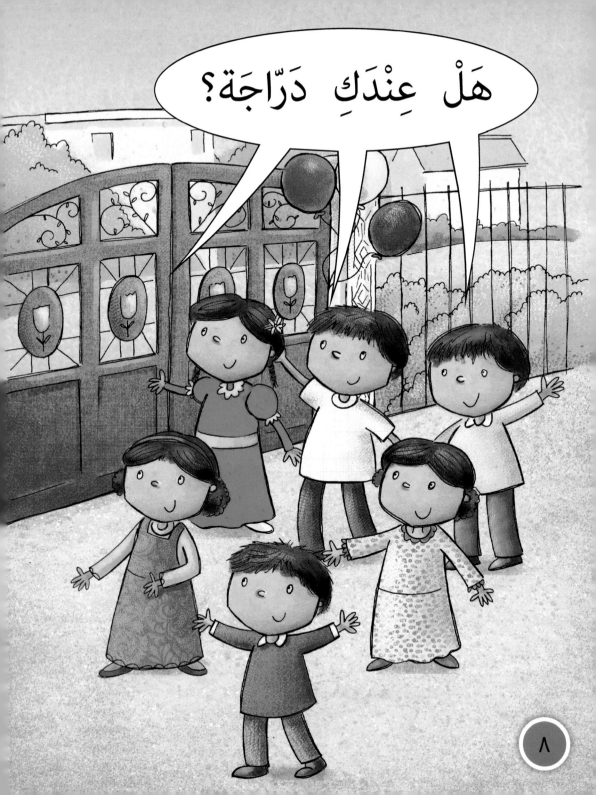

نَعَمْ، عِنْدي دَرّاجَة.

هَلْ عِنْدَكِ مَزْلَقَة؟

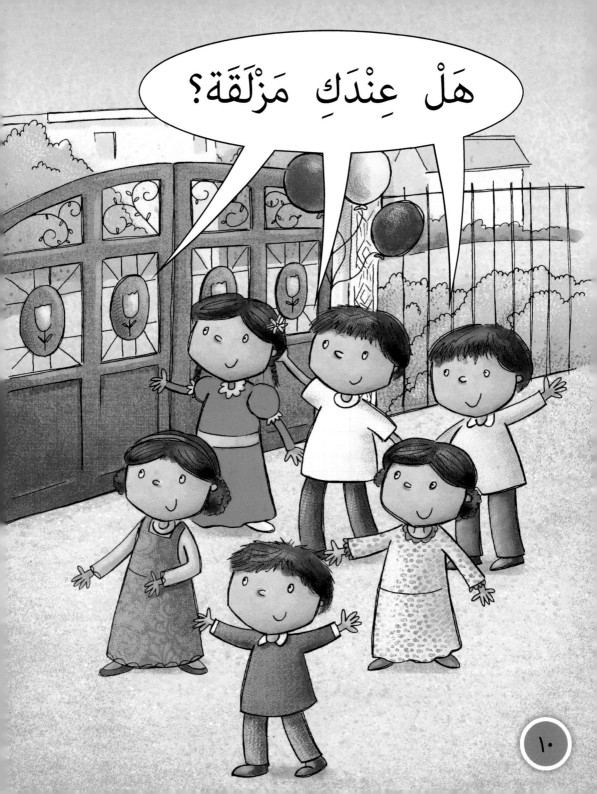

نَعَمْ، عِنْدي مَزْلَقَة.

عِنْدي حَديقَة!

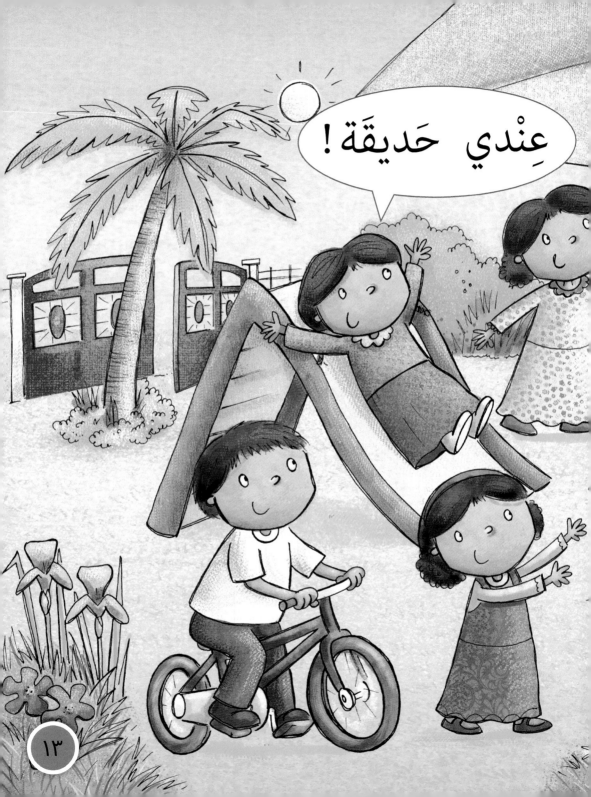

أفكار واقتراحات

الأهداف:

- قراءة جُمَل اسميّة بسيطة ومتنوّعة تعبّر عن "سؤال وجواب".

- التعرف على صيغة الملكيّة مع "عِندَ".

- قراءة أسماء اللُعب الشائعة بطلاقة.

روابط مع الموادّ التعليميّة ذات الصلة:

- مبادئ التهجئة.

- مبادئ التعرّف على صيغة "السؤال".

- مبادئ الرسم والتلوين.

مفردات شائعة في العربيّة: هل، عِندي، عِندكَ، نعم

مفردات جديرة بالانتباه: درّاجة، مَزلَقة، حديقة

عدد الكلمات: ٣٢

الأدوات: ورق، أقلام رسم وتلوين

قبل القراءة:

- ماذا ترون على الغلاف؟ أين تقف هذه الطفلة؟

- مَن منكم يحبّ اللعب في الحدائق؟ لماذا؟

- هيّا نقرأ العنوان معًا. ما هو الحرف الأخير في كلمة "عندي"؟ هل لهذا الحرف أهمّيّة خاصّة؟

- مَن منكم يحبّ التلوين؟ ما هو لونك المفضّل؟

أثناء القراءة:

- أوّلاً، سنقرأ الكتاب معًا ونشير إلى الكلمات.

- انتبهوا إلى هذه العلامة (؟) ص ٢ - اسمها علامة الاستفهام. متى نستخدمها؟